I0883099

La natación y los saltos ornamentales

POR M. K. OSBORNE

AMICUS

Amicus High Interest es una publicación de Amicus
P.O. Box 227, Mankato, MN 56002
www.amicuspublishing.us

Copyright © 2020 Amicus. Todos los derechos reservados. Prohibida la reproducción, almacenamiento en base de datos o transmisión por cualquier método o formato electrónico, mecánico o fotostático, de grabación o de cualquier otro tipo sin el permiso por escrito de la editorial.

Información del catálogo de publicaciones de la biblioteca del congreso
Names: Osborne, M. K., author.
Title: La natación y los saltos ornamentales / M.K. Osborne.
Other titles: Swimming and diving. Spanish
Description: Mankato, Minnesota : Amicus, 2020. | Series: Deportes olímpicos de verano | Includes bibliographical references and index. | Audience: K to grade 3.
Identifiers: LCCN 2019006944 (print) | LCCN 2019008107 (ebook) | ISBN 9781681519241 (pdf) | ISBN 9781681518985 (library binding)
Subjects: LCSH: Swimming–Juvenile literature. | Diving–Juvenile literature. | Olympics–Juvenile literature.
Classification: LCC GV837.6 (ebook) | LCC GV837.6 .O7917 2020 (print) | DDC 797.2–dc23
LC record available at https://lccn.loc.gov/2019006944

Editora: Wendy Dieker
Diseñador: Aubrey Harper
Investigación fotográfica: Shane Freed

Créditos de Imágeness: Matt Slocum/AP cover; Francois-Xavier Marit/AFP/Getty 5, 13, 31; World History Archive/Alamy 6; dpa/Alamy 9; Nippon News/Alamy 10; Odd Andersen/AFP/Getty Images 14, 25; Paul J. Sutton/PCN Photography/Alamy 17; VCG/VCG/Getty 18-19; Matt Dunham/AP 21; PCN Black/PCN Photography/Alamy 22; EMPICS Sport/AP 26-27; Lukas Schulze/picture-alliance/dpa/AP Images 29

Tabla de Contenido

La lucha por el oro

¡Al agua! Es un día muy ajetreado en el centro acuático olímpico. Los mejores nadadores y clavadistas del mundo se encuentran cada cuatro años en los Juegos Olímpicos de verano. Nadan, realizan saltos, y hasta bailan en el agua. Cada nadador tiene allí un solo objetivo: ganar la medalla de oro.

El medallista de oro Michael Phelps de EE. UU. crea una tormenta de burbujas cuando arranca su carrera de natación olímpica.

Un grupo de hombres realizan saltos en los Juegos Olímpicos de 1932.

P ¿Qué significa FINA?

La gente nada desde el principio de los tiempos. En los primeros Juegos Olímpicos de 1896, los hombres competían en mar abierto. En 1908, se creó la **FINA**. Esta asociación fija las reglas para todos los deportes acuáticos mundiales, incluidos los Juegos Olímpicos. Para 1912, las mujeres también participaban en competencias. Los deportistas realizaban clavados y carreras.

R En francés, son las iniciales de la Fédération Internationale de Natation, que significa Federación Internacional de Natación.

Natación

Las carreras de natación no han cambiado mucho con los años. El nadador más rápido sigue siendo el ganador. Las competencias de nado en los primeros Juegos Olímpicos se llevaban a cabo en mar abierto. Hoy en día, la mayoría de los nadadores compiten en piscinas climatizadas. Solo unas cuantas competencias se hacen en lagos o ríos. La carrera más corta significa recorrer la longitud de la piscina olímpica una sola vez; es decir, una distancia de 50 metros. La carrera más larga es la del maratón acuático de 10 kilómetros. Esta competencia se lleva a cabo en aguas abiertas.

Los jueces miran a los nadadores llegar al final de la piscina en un centro olímpico acuático.

Masaki Kaneko de Japón con brazada de espalda en los Juegos Olímpicos de 2016.

Los nadadores utilizan cuatro estilos básicos de brazada en las competencias. Los nadadores de estilo libre usan la brazada crol. También está la brazada de espalda. Es como la crol, pero los competidores nadan de espalda. Hay nadadores que suben y bajan por la piscina haciendo el estilo de mariposa. El estilo de pecho es la brazada más antigua de carreras. Cada carrera debe hacerse con un solo estilo. La única excepción es el **estilo mixto**. En el estilo mixto se cambia a una brazada diferente cada una o dos **vueltas**.

Las carreras en piscina son los eventos más populares. Los nadadores se zambullen desde el bloque de salida. Y nadan hacia el otro extremo de la piscina. En la mayoría de las competencias, los nadadores dan una voltereta al final de la piscina, para regresar con fuerza en sentido contrario. El primer nadador en tocar la pared en la última vuelta es el ganador.

Los nadadores se mantienen en sus carriles durante la competencia.

Brittany Elmslie de Australia se sumerge cuando su compañera de equipo toca la pared en los Juegos Olímpicos de 2016.

P ¿Quién puede participar en un equipo de relevos?

Algunas de las carreras más emocionantes son los **relevos**. Esta competencia es para un equipo de cuatro nadadores. Cada uno toma su turno haciendo una o dos vueltas. ¡Aquí viene la primera nadadora! La segunda está lista para lanzarse al agua. ¡Y se tira! El equipo más rápido gana la medalla de oro.

R

Hay equipos de relevos tanto de hombres como de mujeres. Una novedad en los Juegos Olímpicos de 2020 será la competencia de equipos mixtos de relevos de hombres y mujeres.

Los nadadores de los EE. UU. están entre los mejores del mundo. ¡Han ganado más de 550 medallas! El país que le sigue es Australia. Pero solo han ganado 188 medallas en la historia olímpica. Cada cuatro años, los nadadores de todo el mundo intentan vencer a los nadadores de EE. UU. No muchos de ellos pueden hacerlo.

¿Qué nadador olímpico ha ganado más medallas?

La medallista de oro Simone Manuel de EE. UU. comienza una competencia de 100 metros en 2016.

R Michael Phelps. Este nadador retirado de los EE. UU. estuvo en los Juegos Olímpicos cinco veces y ganó 28 medallas.

Saltos ornamentales

El clavado en los Juegos Olímpicos es un asunto de estilo. Verás saltos, giros y volteretas. Los clavadistas saltan de un trampolín flexible que está a tres metros sobre el agua. Los clavadistas de plataforma se lanzan desde un tablón rígido que se encuentra a 10 metros de altura. ¡Es igual de alto que un edificio de tres pisos!

Cao Yuan de China demuestra cómo luce un salto olímpico.

Los jueces observan cada clavado cuidadosamente. Dan puntuaciones basadas en la fluidez con que los clavadistas pasan por cada parte del clavado. La salida debe ser suave. El vuelo debe ser preciso. Los jueces observan la entrada al agua. Si la salpicadura es pequeña y controlada, el clavadista obtiene una buena puntuación. En el nado **sincronizado**, los jueces se aseguran de que los nadadores hagan exactamente los mismos movimientos de manera simultánea.

P ¿Qué clavadista ha ganado más medallas olímpicas?

Las clavadistas italianas Francesca Dallape (izquierda) y Tania Cagnotto ganaron medallas de plata por sus saltos ornemantales sincronizados en 2016.

R La clavadista china Wu Minxia tiene la mayor cantidad de medallas. Y también tiene el récord en medallas de oro. Cinco de sus siete medallas olímpicas son de oro.

El clavadista chino Lin Yue se prepara para entrar al agua después de haberse lanzado de la plataforma de 10 metros.

Los clavadistas comienzan en la **ronda clasificatoria**. Tienen cinco o seis oportunidades para hacer un buen clavado. Los jueces dan a cada clavado una puntuación. Las puntuaciones son sumadas. Los mejores clavadistas pasan a la **ronda semifinal**. La última ronda es la **final**. Los tres mejores clavadistas en esta ronda ganarán las medallas.

Natación artística

Uno de los deportes más populares en los juegos de verano es la gimnasia. La natación artística femenina es como hacer gimnasia en el agua. Las nadadoras saltan y se zambullen. Giran y hacen piruetas. Bailan al ritmo de la música. Este increíble deporte se convirtió en parte de los Juegos Olímpicos de verano en 1984.

P ¿La natación artística es igual a la natación sincronizada?

El equipo artístico de natación de Japón haciendo una increíble rutina submarina.

R Yes. Hasta 2017, este deporte se llamaba natación sincronizada. Ahora se llama natación artística.

Podrás ver competencias de **parejas** y de equipos de natación artística. En las parejas, dos nadadoras bailan juntas. Reflejan los movimientos de la otra mientras nadan con música. Los equipos tienen ocho deportistas cada uno. Hacen unos fantásticos movimientos de baile en el agua. Las nadadoras parecen bailar sobre el agua. Incluso se lanzan al aire.

Esos lanzamientos demuestran la fuerza y habilidad de un equipo en el agua.

Natación por el oro olímpico

Los deportes acuáticos son divertidos para los espectadores. Los aficionados se sientan al borde de sus asientos mientras cientos de nadadores y clavadistas compiten. Cada cuatro años, estos atletas se reúnen para competir, tirarse de clavado y bailar. ¿Quién se llevará a casa las próximas medallas de oro? ¡Préstale atención a las piscinas del centro acuático olímpico para saberlo!

El equipo de relevos de EE. UU. de 4 x 100 de estilo mixto presume sus medallas de oro en 2016.

Glosario

estilo mixto Competencia de natación que incluye los cuatro estilos de nado.

FINA En francés, son las iniciales de la Fédération Internationale de Natation, lo que significa Federación Internacional de Natación; agrupación que fija las reglas para los deportes acuáticos internacionales.

finales La última ronda donde los mejores atletas compiten por las medallas olímpicas.

nado sincronizado Natación hecha en grupo al mismo tiempo.

pareja Un grupo de dos nadadoras.

relevos Competencia en equipos en la que cada miembro toma un turno y nada parte de la distancia total.

ronda clasificatoria La primera ronda de natación o clavados; los ganadores en una ronda clasificatoria pasan a la siguiente ronda.

ronda semifinal La penúltima ronda en una competencia de natación o clavados; los ganadores en una semifinal irán a la ronda final.

vuelta El largo de la piscina de 50 metros.

Índice

Acerca del autor

M. K. Osborne es un escritor y editor para niños que se emociona con los Juegos Olímpicos, tanto con los de verano como los de invierno, cada dos años. M. K. Osborne ha estudiado las estadísticas, las cifras y el conteo de medallas para llevar a los lectores jóvenes las mejores historias sobre los Juegos Olímpicos.